En el trabajo

Contratistas

Perímetro y área

Rane Anderson

Asesoras

Michele Ogden, Ed.D
Directora, Irvine Unified School District

Jennifer Robertson, M.A.Ed.
Maestra, Huntington Beach City School District

Créditos de publicación

Rachelle Cracchiolo, M.S.Ed., *Editora comercial*
Conni Medina, M.A.Ed., *Gerente editorial*
Dona Herweck Rice, *Realizadora de la serie*
Emily R. Smith, M.A.Ed., *Realizadora de la serie*
Diana Kenney, M.A.Ed., NBCT, *Directora de contenido*
Stacy Monsman, M.A., *Editora*
Kevin Panter, *Diseñador gráfico*

Créditos de imágenes: Todas las imágenes de iStock
y/o Shutterstock.

Teacher Created Materials

5301 Oceanus Drive
Huntington Beach, CA 92649-1030
http://www.tcmpub.com

Contenido

Constrúyelo, repáralo

Los **contratistas** son las personas a quienes recurrimos cuando queremos **renovar** un espacio interior o exterior. Se encuentran en cualquier proyecto de construcción, sea grande o pequeño. El trabajo del contratista es llevar las ideas a la realidad.

Algunos **clientes** tienen pedidos singulares. Quieren casas hechas con botellas de vidrio y paredes de neumáticos. Quieren casas en árboles y habitaciones escondidas detrás de estantes. Sin importar cuál sea el pedido, los contratistas buscan la manera de hacer el trabajo.

La mayoría de las veces, los clientes tienen pedidos mucho más simples. Pueden pedir una nueva encimera para la cocina. Pueden necesitar una cerca nueva para el jardín. En cualquier caso, los contratistas están disponibles. Miden los espacios, compran materiales, usan herramientas para solucionar problemas. Incluso pueden contratar a otros trabajadores expertos para que ayuden. Los contratistas trabajan duro para hacer realidad los sueños.

Ideas para remodelar una cocina

La casa de árbol David Wenzel en Nay Aug Park en Pensilvania se asoma por un desfiladero a 150 pies (46 metros) de altura.

A prepararse para el trabajo

Los contratistas deben estar listos para aceptar cualquier desafío. Un pedido frecuente es la reparación de plataformas. Primero, los contratistas deben reunir información y planificar qué quieren hacer. Eso significa que deben inspeccionar el lugar. Al hacerlo, los contratistas pueden determinar las reparaciones exactas que deben hacerse.

Quizá la madera está en buen estado, pero la pintura está vieja. En ese caso, la solución será solo una **restauración**. O puede ser que algunas tablas estén dañadas. Se las puede reemplazar. Si hay demasiadas tablas dañadas, el contratista puede sugerir construir una plataforma nueva. Tal vez, la plataforma se ve inestable. ¡Nadie quiere que una plataforma se caiga cuando están sobre ella! En este caso, se deben revisar los soportes y las columnas de la plataforma. Los contratistas decidirán cuál es la mejor manera de solucionar el problema.

Plataforma no segura

Plataforma nueva y segura

7

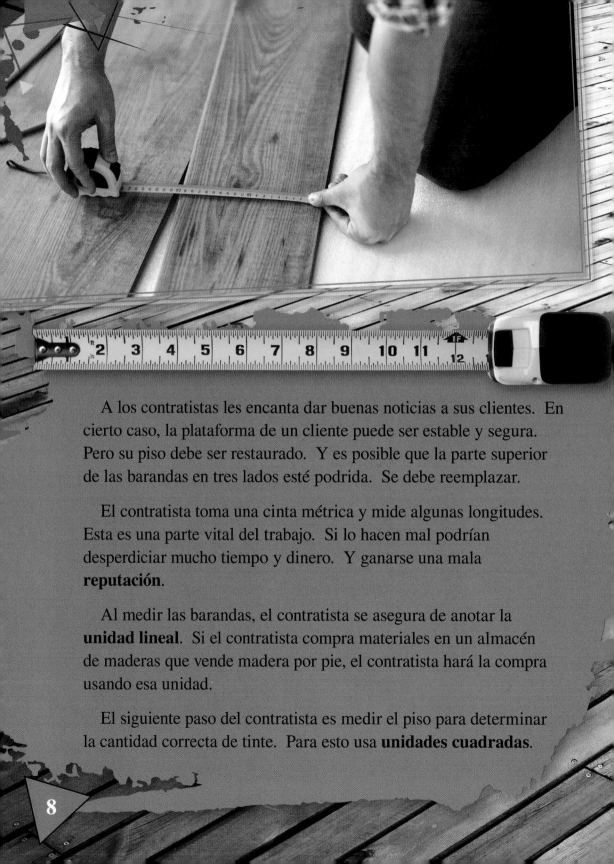

A los contratistas les encanta dar buenas noticias a sus clientes. En cierto caso, la plataforma de un cliente puede ser estable y segura. Pero su piso debe ser restaurado. Y es posible que la parte superior de las barandas en tres lados esté podrida. Se debe reemplazar.

El contratista toma una cinta métrica y mide algunas longitudes. Esta es una parte vital del trabajo. Si lo hacen mal podrían desperdiciar mucho tiempo y dinero. Y ganarse una mala **reputación**.

Al medir las barandas, el contratista se asegura de anotar la **unidad lineal**. Si el contratista compra materiales en un almacén de maderas que vende madera por pie, el contratista hará la compra usando esa unidad.

El siguiente paso del contratista es medir el piso para determinar la cantidad correcta de tinte. Para esto usa **unidades cuadradas**.

Mientras prepara un **presupuesto**, un contratista hace un bosquejo de una plataforma para registrar las medidas necesarias. Un lado de la plataforma no necesita baranda porque allí está la casa.

1. ¿Cuántos pies de madera necesita comprar el contratista para las barandas?

2. ¿Cuántos pies cuadrados del piso de la plataforma necesitará cubrir con tinte?

3. ¿Cuál es la diferencia entre las unidades lineales usadas para medir las barandas y las unidades cuadradas usadas para medir el piso?

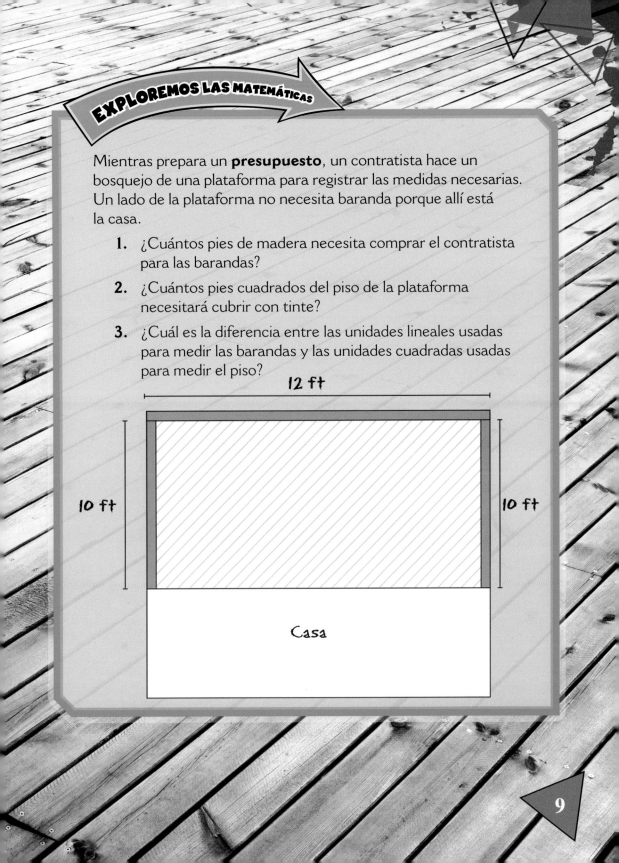

12 ft

10 ft

10 ft

Casa

Los contratistas usan las matemáticas todos los días. Suman, restan, multiplican y dividen. También tienen que hallar el **perímetro** y el **área** de los espacios. *Perímetro* es una palabra de origen griego. *Peri* significa "alrededor" y *metron* significa "medida". Por lo tanto, tiene sentido que la distancia alrededor del exterior de una forma se llame *perímetro*.

Cuando los contratistas necesitan determinar cuántas barandas debe tener una plataforma, deben medir el perímetro. Miden la distancia alrededor de la plataforma. Una vez que se conocen las longitudes y las anchuras, los suman. Este es el perímetro de una plataforma.

perímetro

área

¿Y si un contratista quiere restaurar el piso de una plataforma? ¿Mide el perímetro? No, en este caso se emplea el cálculo del área. El área es la cantidad de espacio de la superficie de una forma o un lugar. Si la plataforma de un cliente es un rectángulo, el contratista debe primero hallar la longitud y la anchura. Luego, la longitud y la anchura pueden usarse para hallar el área de la plataforma.

Hallar el perímetro y el área de un espacio puede ayudar al contratista a ahorrar tiempo y dinero al hacer el proyecto bien desde el principio.

HABITACIÓN

SALA

ARMARIO

BAÑO

BAÑO

> Primero, los contratistas deben calcular las áreas y los perímetros de los espacios que están diseñando.

CUARTO

ARMARIO

ENTRADA

COCINA Y COMEDOR

11

Presupuesto

Angel Silva
Silva Construction

SILVA CONSTRUCTION

Proyecto
Remodelación Banks

Cliente
Doug Banks

Alcance del proyecto: renovar la cocina, instalar electrodomésticos nuevos, reparar problemas de fontanería en el baño principal

Descripción	Cant.	Unidades	Material	Mano de obra	Subcontratista	Precio
						562.50
Fase 1: Demolición						562.50
Cocina					562.50	562.50
Quitar gabinetes de cocina	1	Cada uno	0.00	0.00		
Donar a caridad						5,100.00
Fase 2: Construcción						4,575.00
Cocina						550.00
Electrodomésticos						550.00
Lavavajilla	1	Cada uno	400.00	150.00	0.00	550.00
						3,437.50
Gabinetes					0.00	937.50
Encimera de cuarzo	25	ft²	625.00	312.50		2,500.00
Gabinetes de cocina	1	Cada uno	0.00	0.00	2,500.00	587.50
Piso						587.50
Restaurar el piso de madera	200	ft²	125.00	462.50	0.00	525.00
Baño principal						525.00
Fontanería						525.00
Reemplazar tina	1	Cada uno	375.00	150.00	0.00	375.00
Fase 3: Limpieza					375.00	375.00
Limpieza general	1500	ft²	0.00	0.00	375.00	375.00
Total del proyecto			1,525.00	1,075.00	3,437.50	6,037.50

Impuestos 301.89

Total con impuestos **6,339.39**

Aceptado por: _____ Fecha:_____ Silva Construction: _____

Antes de contratar a alguien para que trabaje en una plataforma, los clientes quieren ver una **cotización**. Una cotización es un presupuesto escrito con todos los costos del proyecto. Los clientes pueden pedir cotizaciones a muchos contratistas. Quieren encontrar el mejor precio.

Enviar cotizaciones puede ser complicado. Si la cotización es demasiado baja, el contratista no ganará dinero con el trabajo. Pero si la cotización es demasiado alta, el cliente podría elegir a otro para que haga el trabajo. La precisión al agregar los **gastos** ayuda a los contratistas a generar cotizaciones precisas.

Los gastos son los costos del trabajo. Los contratistas deben responder varias preguntas para determinar los costos. ¿Qué materiales se necesitan? ¿Hay que obtener permisos? ¿Cuántos trabajadores se requieren? Todas estas cosas deben tenerse muy en cuenta antes de generar una cotización.

Una vez que los contratistas calculan el costo total, pueden enviar las cotizaciones a los clientes. Luego, esperan. Si lo hicieron bien, ¡los elegirán para el proyecto!

Trabajo exterior

Algunos clientes tienen más de un proyecto. Muchas veces sucede esto cuando alguien compra una casa nueva. Pide a algunos contratistas que envíen cotizaciones para los proyectos que tiene en mente. Los contratistas presentan por escrito los costos estimados para el trabajo total. Los cálculos precisos ayudan a obtener la cotización.

Un contratista tiene clientes que tienen un gran extensión de césped en el frente de su casa nueva. ¡Les encanta! Por supuesto, quieren mantenerlo en buenas condiciones y regarlo muy bien. ¡Pero les lleva horas regar con la manguera todas las noches! Además, la manguera siempre parece quedar corta. Entonces compraron un rociador. Pero no funciona tan bien como esperaban. El rociador no llega a todo el césped. Los clientes esperan que el contratista pueda encontrar una solución a su problema.

El contratista estudia el césped. Parece que la mejor opción es instalar un sistema de rociadores. El sistema se encenderá con un temporizador. Los rociadores comenzarán a funcionar a determinada hora cada noche.

El contratista les cuenta a sus clientes cuál es su plan. ¡Están entusiasmados! Ahora no tendrán que luchar con la manguera, que siempre es corta. No tendrán que mover el rociador durante el día. Parece la mejor opción. Con un sistema de rociadores, el césped se verá siempre fresco y exuberante.

Para hacer que el sistema funcione, se deberá colocar tubería bajo tierra. La tubería llevará el agua hasta los rociadores. El contratista debe determinar cuántos tubos comprar.

Paso 1: Colocar tubería bajo tierra.

Paso 2: Cortar los tubos para fijar los cabezales de los rociadores.

Paso 3: Fijar los cabezales de los rociadores en los tubos.

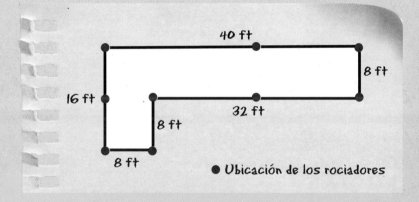

1. ¿Cuál es el perímetro del césped?

2. ¿En qué se diferencia hallar el perímetro de este césped de hallar el perímetro de un rectángulo? ¿En qué se parece?

40 ft

8 ft

16 ft

32 ft

8 ft

8 ft

● Ubicación de los rociadores

Trabajo interior

A los clientes les encanta el plan para su nuevo sistema de rociadores. Están ansiosos por ver el césped crecer hermoso y de un color verde intenso. Pero ahora tienen un nuevo trabajo para cotizar. El color del comedor los altera. Es un color muy brillante y los distrae. Los clientes deciden que quieren un color totalmente nuevo en la pared. Entonces piden ayuda al contratista.

El contratista quiere saber qué color quieren sus clientes para el comedor. A los clientes les gustan los colores naturales que ahora ven en el jardín delantero.

Ahora que el contratista sabe qué color comprar, es momento de determinar cuánta pared necesitará pintura. Entonces se podrá comprar la cantidad correcta de pintura. Hallar el área de la pared será de ayuda.

Muestrarios de pintura

1. ¿Cuál es el área de la pared?

2. El contratista tiene una cubeta con pintura que cubrirá 40 metros cuadrados. ¿Es suficiente pintura para dar dos manos a la pared?

3. Los clientes deciden que quieren una moldura en el borde de las cuatro paredes. ¿Qué cantidad de moldura necesitará el contratista? ¿Qué unidades se deben usar?

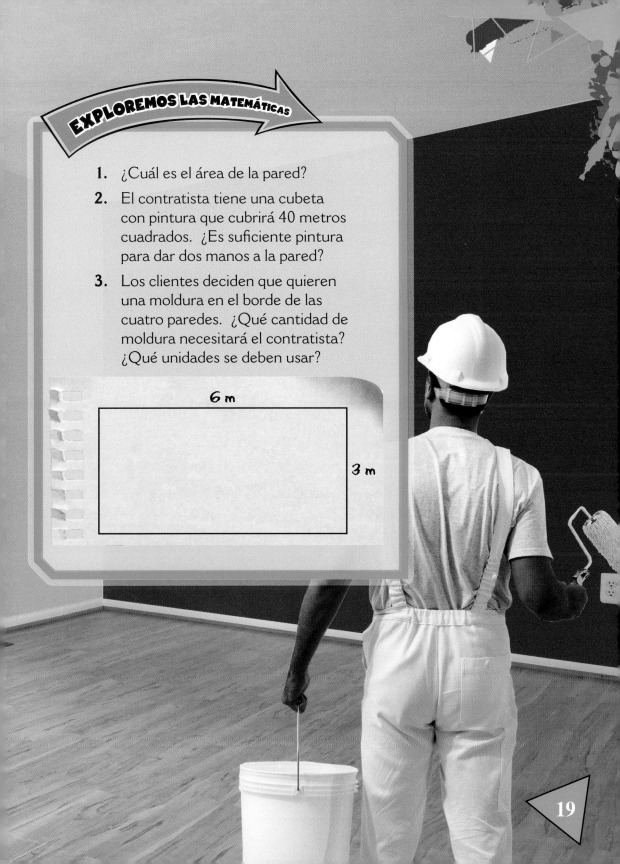

6 m

3 m

19

¡El plan para el comedor es perfecto! Las paredes en colores naturales se verán hermosas mientras las personas comen. Pero ahora, ¡la alfombra en la sala de estar se ve vieja y fuera de lugar! El contratista está feliz de agregar un tercer trabajo a la cotización. El primer paso será medir el piso de la sala de estar.

El piso de la sala de estar tiene forma de rectángulo. Primero, el contratista debe encontrar la longitud y la anchura precisa. Estas medidas ayudarán a determinar la cantidad de alfombra y zócalo que se necesita.

Luego de hallar el área y el perímetro, el contratista podrá hallar precios en la tienda de pisos. La alfombra se vende en unidades cuadradas. Por lo tanto, el área del piso indica cuánta alfombra se necesita. El zócalo rodea la alfombra en la parte inferior de las paredes. Se vende en unidades lineales. Aquí es de ayuda el perímetro. El área y el perímetro permiten que el contratista obtenga los precios correctos en la tienda de pisos.

Cortador de alfombra

1. ¿Cuánta alfombra se necesita para cubrir el piso de la sala de estar?

2. El contratista necesitará instalar zócalos en la parte inferior de las paredes. ¿Cuánto zócalo necesitará?

3. ¡Ups! Luego de calcular cuánto zócalo se necesita, el contratista descubre un detalle importante. ¡Hay dos puertas! Las puertas no necesitan zócalo. Cada puerta tiene 1 yarda de anchura. ¿Cuánto zócalo se necesita ahora?

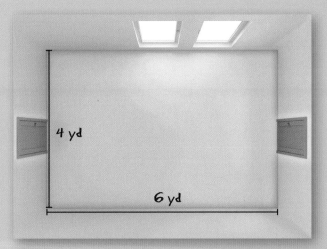

4 yd

6 yd

Una sierra circular corta el zócalo a la medida exacta.

Un contratista instala una encimera.

¡Los clientes todavía no han terminado con las cotizaciones! Ahora, dirigen la atención a la cocina. Las encimeras están en malas condiciones. Están manchadas por los años de uso. Y hay una marca de quemadura cerca de la estufa, donde los dueños anteriores pusieron una cacerola caliente. Los clientes quieren actualizar las encimeras con un cuarzo fuerte y moderno.

Hay muchos tipos y colores de cuarzo. El contratista elige cuatro opciones que pueden quedar bien en la cocina. Un tipo de cuarzo es brillante y negro. A los clientes les recuerda el cielo nocturno. El segundo tipo de cuarzo es gris, con pequeñas motas brillantes que reflejan la luz del sol. La tercera opción es marrón oscuro, como un pastel de chocolate. La cuarta opción es beis arena. A los clientes les recuerda la playa. ¡Tienen que tomar una decisión difícil!

Muestras de cuarzo

EXPLOREMOS LAS MATEMÁTICAS

A los clientes les encanta el cuarzo beis arena. Pero no están totalmente decididos. El contratista les muestra la lista de precios.

1. La encimera de la cocina tiene 10 pies de longitud y 2 pies de anchura. Si los clientes eligen el cuarzo beis, ¿cuánto costará?

2. ¿Cuánto ahorrarán los clientes si, en cambio, eligen el cuarzo negro brillante?

OFERTAS en cuarzo

Cuarzo negro
$25 por ft^2

Cuarzo gris
$29 por ft^2

Cuarzo marrón
$30 por ft^2

Cuarzo beis
$33 por ft^2

¡Cómpralo!

El contratista sabe que se tendrán que comprar muchos materiales. En la lista de compras hay tubos, latas de pintura, rollos de alfombra, segmentos de zócalos y losas de cuarzo. Y el contratista también necesitará herramientas. Clavos, pegamento, pinceles y cinta de enmascarar también se agregan a la lista. Todo esto debe considerarse en la cotización. Si el contratista no lo tiene en cuenta, es probable que no se cubran todos los costos. Eso podría funcionar para los clientes. Pero sería un mal negocio. El contratista perdería dinero con el trabajo.

Aquí es cuando es importante hacer los cálculos con cuidado. Hacer bien este paso ayuda a los clientes a comprender los costos y el trabajo implicados. Y ayuda a los contratistas a planificar de forma inteligente.

Remodelación de la cocina
Lista de verificación del proyecto

SILVA CONSTRUCTION

Electrodomésticos

- o Placa de cocción, ¿gas o eléctrica? _____
- o Lavavajilla
- o Microondas
- o Horno(s), ¿gas or eléctrica? _____
- o Campana
- o Refrigerador
- o Compactador de residuos
- o Residuos
- o Otros _____
- o Mantener lo existente

Gabinetes

- o Madera natural, tipo: _____
- o Madera pintada, color: _____
- o Combinación: _____
- o Estilo de puerta _____
- o Otros: _____

Cielorrasos/paredes

- o Cartón yeso
- o Revoque
- o Madera
- o Otros _____
- o Mantener lo existente

Encimeras

- o Azulejos de cerámica o cuarzo
- o Losas de cuarzo
- o Laminado
- o Superficie sólida
- o Otros _____

Piso

- o Cerámicos
- o Madera dura
- o Laminado
- o Vinilo
- o Otros _____
- o Mantener lo existente

Illuminación

- o Ventilador/luces de techo
- o Decorativa
- o Luces generales empotradas
- o De trabajo, bajo los gabinetes
- o Otros_____

Fontanería

- o Grifo
- o Triturador de residuos
- o Fregadero
- o Otros_____

Fregadero principal/para preparaciones

- o Porcelana
- o Superficie sólida
- o Acero inoxidable
- o Montado por encima
- o Montado por debajo
- o Otros_____

Pedidos adicionales

- o Ventanas _____
- o Puertas _____
- o Tragaluces _____
- o Otros _____

Un trabajo bien hecho

El contratista ha tomado todas las medidas. Se usaron el área y el perímetro para ayudar a preparar la cotización. Simplemente para estar seguro, el contratista verifica los costos de todos los materiales y la mano de obra una segunda vez. El último paso es entregar la cotización terminada a los clientes. Está en ellos decidir.

Los clientes miran todas las opciones. Pero al final, toman una decisión inteligente. Creen que la cotización es justa. Y aprecian lo detallada que está. Les da confianza de que el trabajo se hará a tiempo. Piensan que el contratista puede hacer un trabajo de calidad y darles todo lo que esperan. Todo lo que le resta al contratista es comprar los materiales y ¡comenzar el trabajo!

🅾️ Resolución de problemas

Una buena manera que tienen los contratistas de conseguir nuevos clientes es de boca en boca. Ben quiere que se hagan algunos trabajos en su casa. Su vecina acaba de contratar a un contratista para que haga algunos trabajos. Le contó a Ben lo contenta que estaba con los proyectos. Por lo tanto, Ben eligió al mismo contratista para que haga algunos trabajos en su patio trasero.

Ben quiere que el contratista construya un arenero de juegos para sus hijos. Ya tiene 16 metros de madera nueva para los bordes del arenero. Le gustaría que el contratista use esta madera en lugar de comprar otra cosa. Los hijos de Ben quieren que el arenero sea con forma de rectángulo o cuadrado.

1. Haz una lista de todos los areneros con forma de rectángulo o cuadrado que podrían tener un perímetro de 16 metros.

2. Los hijos de Ben quieren el arenero más grande posible. Halla el área de cada arenero de la propuesta. ¿Cuál tiene el área más grande?

3. ¿Qué arenero crees que será el mejor? ¿Por qué?

Glosario

área: la cantidad de espacio cubierto por unidades cuadradas dentro de una forma bidimensional

clientes: personas que pagan a otras personas o empresas por sus servicios

contratistas: personas que dirigen proyectos de construcción

cotización: un presupuesto escrito que indica el precio de un trabajo

gastos: dinero que se gasta de manera regular para pagar cosas

perímetro: la distancia alrededor del exterior de una forma

presupuesto: un cálculo fundamentado de cuánto costará un trabajo

renovar: hacer cambios y reparaciones a casas, habitaciones o edificios antiguos para que vuelvan a estar en buenas condiciones

reputación: la opinión general que tiene la gente sobre alguien o algo

restauración: la colocación de una capa nueva sobre la superficie de algo

unidad lineal: la unidad de medida de longitud

unidades cuadradas: unidades de medida para medir área

Índice

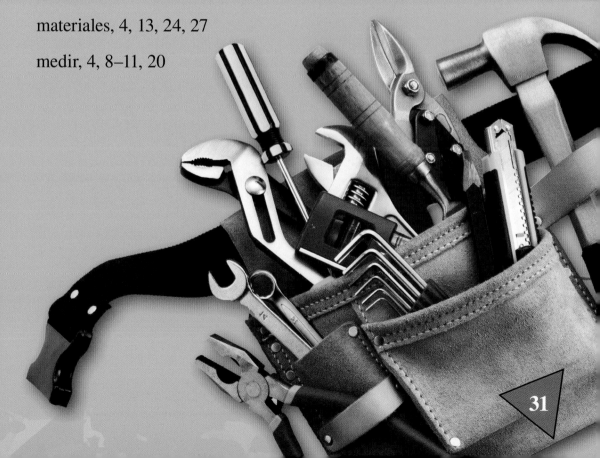

Soluciones

Exploremos las matemáticas

página 9:

1. 32 ft

2. 120 ft^2

3. El área se mide en cuadrados. Por lo tanto, el área usa unidades cuadradas y no unidades lineales.

página 17:

1. 112 ft

2. Las respuestas variarán. Ejemplo: Hallar el perímetro del césped es diferente de hallar el perímetro de un rectángulo porque el césped no tiene dos pares de lados iguales; el césped tiene más de cuatro lados. Se parecen en que se necesita sumar la longitud de todos los lados; se mide en unidades lineales.

página 19:

1. 18 m^2

2. Sí; dos capas necesitarán 36 m^2 de pintura y la pintura cubrirá más de 40 m^2

3. 18 m de moldura; unidades lineales

página 21:

1. 24 yd^2

2. 20 yd

3. 18 yd

página 23:

1. $660

2. $160

Resolución de problemas

1. 1 m por 7 m; 2 m por 6 m; 3 m por 5 m; 4 m por 4 m

2. 7 m^2; 12 m^2; 15 m^2; 16 m^2. El arenero de 4 m por 4 m tiene el área más grande.

3. Las respuestas variarán, pero pueden incluir: El arenero de 4 m por 4 m es el mejor porque tiene el área más grande. Es un cuadrado y las otras opciones podrían ser largas o angostas.